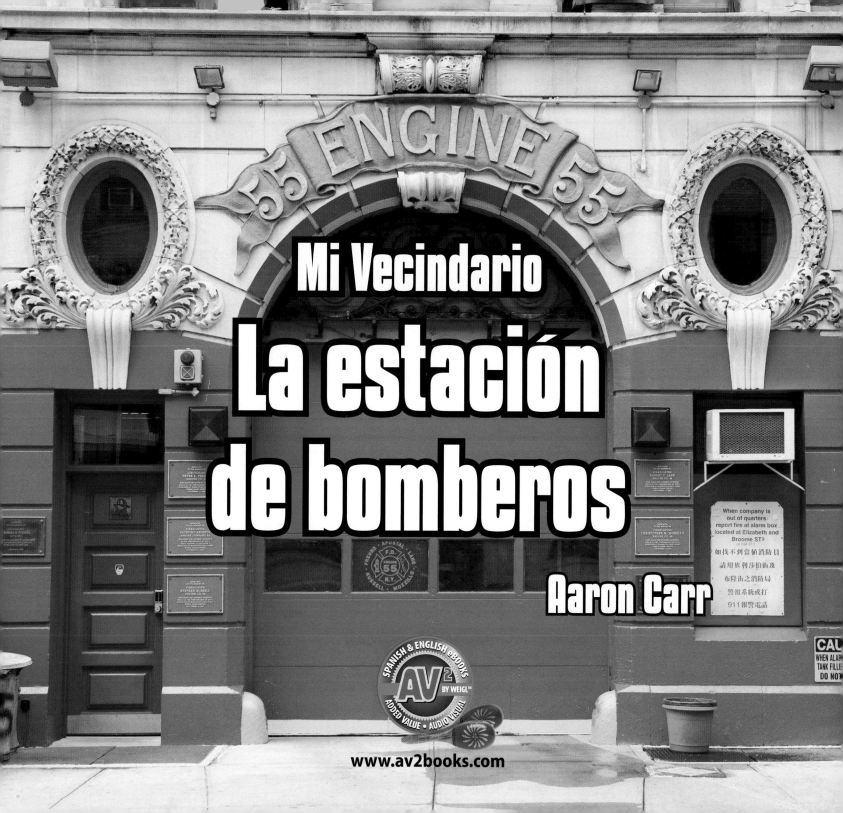

Mi Vecindario

La estación de bomberos

Aaron Carr

AV² SPANISH & ENGLISH eBOOKS
ADDED VALUE · AUDIO VISUAL
BY WEIGL™

Visita nuestro sitio **www.av2books.com** e ingresa el código único del libro.

Go to www.av2books.com, and enter this book's unique code.

CÓDIGO DEL LIBRO
BOOK CODE

V 9 6 5 8 4 3

AV² de Weigl te ofrece enriquecidos libros electrónicos que favorecen el aprendizaje activo.

AV² by Weigl brings you media enhanced books that support active learning.

El enriquecido libro electrónico AV² te ofrece una experiencia bilingüe completa entre el inglés y el español para aprender el vocabulario de los dos idiomas.

This AV² media enhanced book gives you a fully bilingual experience between English and Spanish to learn the vocabulary of both languages.

Spanish

English

Navegación bilingüe AV²
AV² Bilingual Navigation

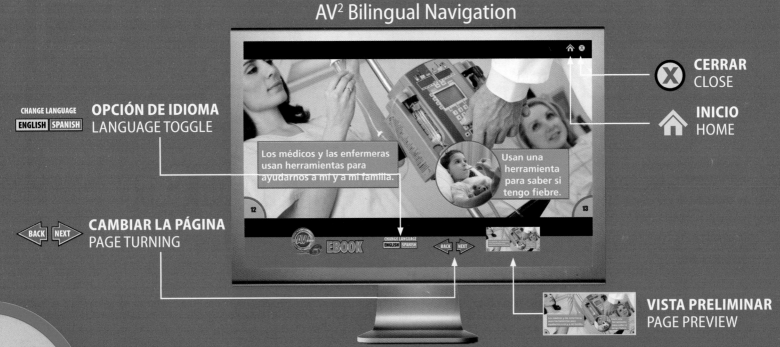

CERRAR
CLOSE

INICIO
HOME

CHANGE LANGUAGE
ENGLISH SPANISH
OPCIÓN DE IDIOMA
LANGUAGE TOGGLE

BACK NEXT
CAMBIAR LA PÁGINA
PAGE TURNING

VISTA PRELIMINAR
PAGE PREVIEW

2

La estación de bomberos

CONTENIDO

Este es mi vecindario.

La estación de bomberos está en mi vecindario.

Las personas llaman a la estación de bomberos cuando hay un incendio.

También llaman a la estación de bomberos si están en peligro.

Veo bomberos
en mi vecindario.

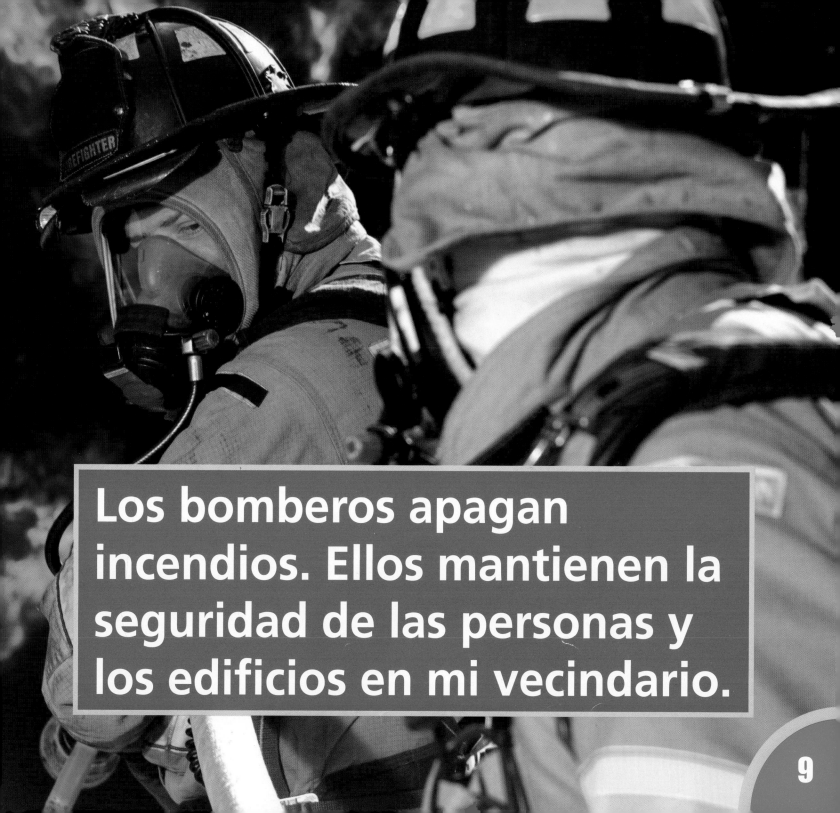

Los bomberos apagan incendios. Ellos mantienen la seguridad de las personas y los edificios en mi vecindario.

9

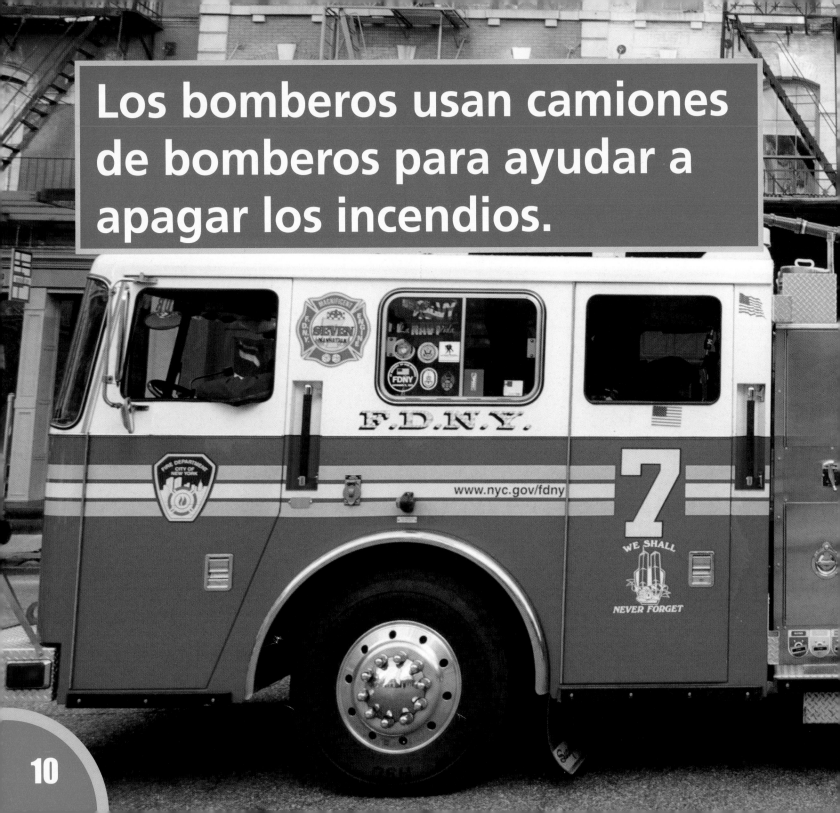

Los bomberos usan camiones de bomberos para ayudar a apagar los incendios.

Los camiones de los bomberos tienen mangueras y escaleras que llegan a lugares elevados.

11

La estación de bomberos tiene una gran cochera. Allí se estacionan los camiones.

En la cochera también hay herramientas para apagar incendios.

Los bomberos ayudan a las personas lastimadas de mi vecindario.

A veces salvan personas y animales.

15

Los bomberos se aseguran de que los edificios de mi vecindario sean seguros.

Ellos les muestran a las personas las herramientas que deben usar para apagar incendios.

Yo puedo visitar la estación de bomberos con mis compañeros de clase.

A veces, incluso puedo usar el equipo de los bomberos.

19

Los bomberos participan de eventos en el vecindario.

Montan carros para los carnavales y les hablan a las personas acerca de la seguridad contra incendios.

Comprueba lo que has aprendido acerca de las estaciones de bomberos y sobre los bomberos.

¿Cuál de estas imágenes no muestra una estación de bomberos?

¡Visita www.av2books.com para disfrutar de tu libro interactivo de inglés y español!
Check out www.av2books.com for your interactive English and Spanish ebook!

1 **Entra en www.av2books.com**
Go to www.av2books.com

2 **Ingresa tu código**
Enter book code

V 9 6 5 8 4 3

3 **¡Alimenta tu imaginación en línea!**
Fuel your imagination online!

www.av2books.com

Published by AV² by Weigl
350 5th Avenue, 59th Floor New York, NY 10118
Website: www.av2books.com   www.weigl.com

Copyright ©2015 AV² by Weigl

Library of Congress Control Number: 2014933345

ISBN 978-1-4896-2180-1 (hardcover)
ISBN 978-1-4896-2181-8 (single-user eBook)
ISBN 978-1-4896-2182-5 (multi-user eBook)

Printed in the United States of America in North Mankato, Minnesota
1 2 3 4 5 6 7 8 9 0 18 17 16 15 14

042014
WEP280314

Project Coordinator: Jared Siemens
Spanish Editor: Translation Cloud LLC
Designer: Mandy Christiansen

Every reasonable effort has been made to trace ownership and to obtain permission to reprint copyright material. The publishers would be pleased to have any errors or omissions brought to their attention so that they may be corrected in subsequent printings.

Weigl acknowledges Getty Images as the primary image supplier for this title.